VIE

DE

SAINT VINCENT

PATRON DES VIGNERONS

Tirée des actes de son martyre (an 304)

PAR LE P. CHEVALIER

M. S. C., Curé d'Issoudun.

ISSOUDUN

IMPRIMERIE ET LITHOGRAPHIE DE A. GAIGNAULT.

1874.

DÉDICACE.

—

AUX VIGNERONS.

Depuis vingt ans, mes amis, je vis au milieu de vous ; et j'ai pu apprécier votre amour pour votre glorieux patron St Vincent. Comme sa vie est admirable et une des plus belles, j'ai cru vous faire plaisir en vous la mettant sous les yeux. Vous la lirez avec intérêt.

Je suis d'autant plus heureux de vous l'offrir qu'elle ne peut que resserrer les liens de sympathie qui doivent exister entre le prêtre et le vigneron. Je ne sais si vous y avez jamais pensé, mes amis, mais il y a entre vous et nous plus d'un rapport qui tend à nous unir. — Vous cultivez avec soin, avec intelligence et courage, la vigne de la terre ; c'est un noble emploi que la Providence vous confie. Le prêtre, lui aussi, est appelé de Dieu à cultiver sa vigne, c'est-à-dire les âmes créées par lui et rachetées par Jésus - Christ , — *ego plantavi te vineam electam. ego elegi vos. — Ite et vos in vineam meam.* Voilà notre mission.

Mais, le fruit de votre vigne, que devient-il entre les mains du prêtre lorsqu'il est à l'Autel ? il le prend, il le consacre ; et le vin que vous lui fournissez pour le saint sacrifice de la messe est changé au sang du Sauveur.

Vous le voyez, mes amis, le prêtre et le vigneron sont faits pour être unis et s'aimer en Jésus-Christ.

Vive St Vincent !

J. Chevalier, m. S-C.,
Archiprêtre d'Issoudun.

VIE DE SAINT VINCENT

PATRON DES VIGNERONS

Tirée des actes de son martyre (an 304)

PAR LE P. CHEVALIER

M. S.-C., curé d'Issoudun.

I.

Saint Vincent, l'un des plus illustres martyrs de Jésus-Chrit, naquit d'une famille distinguée à Huesca, en Espagne, vers la fin du troisième siècle. L'histoire dit que sa mère était la sœur de saint Laurent, martyr. Comme il donnait des marques d'une rare intelligence et d'une vertu précoce, ses parents le mirent sous la conduite de Valère, évêque de Saragosse, qui jouissait alors d'une grande réputation de science et de sainteté.

Le jeune Vincent fit, avec un pareil maître, des progrès rapides. Arrivé à l'âge d'embrasser une carrière, il voulut se consacrer à Dieu ; son noble père et sa vertueuse mère, loin d'y mettre obstacle, s'estimèrent heureux que leur fils entrât au service de l'Église. Valère l'ordonna diacre (1), l'associa à son ministère et lui confia le soin d'annoncer aux fidèles la parole divine.

En ce temps là, les empereurs romains Dioclétien et Maximien, ennemis jurés de Jésus-Christ, envoyèrent Dacien, moins pour gouverner l'Espagne que pour y torturer les chrétiens. Cet homme portait au cœur une haine profonde contre notre sainte religion. Arrivé à Saragosse, il persécuta cruellement l'Église de Dieu, par les supplices les

(1) Le diacre sert l'évêque ou le prêtre à l'autel, met le vin dans le calice, etc

plus horribles, qu'il fit endurer aux fidèles. Puis il tourna sa rage contre l'évêque Valère et Vincent, son diacre, dont la sainteté jetait un si vif éclat. Il les fit saisir, charger de fers et conduire à pied à Valence, en leur faisant subir les plus affreux tourments.

Arrivés en cette ville, ils furent d'abord jetés dans un noir et fétide cachot. On augmenta le poids de leurs chaînes et on les soumit à de nouvelles tortures. Craignant que la mort ne vînt trop tôt les enlever, Dacien les fit comparaître à son tribunal et leur dit : Votre vie est entre mes mains ; je puis vous faire mourir ou vous rendre la liberté, choisissez : *Voulez-vous obéir aux empereurs et adorer les mêmes dieux qu'ils adorent ?* Valère lui répondit d'une voix calme, mais que l'on entendait à peine, par la difficulté qu'il avait à parler.

Vincent, prenant la parole, s'écria d'un ton ferme et sonore : « Nous sommes chrétiens, que vos dieux soient pour « vous ; offrez-leur votre encens et vos sacrifices d'animaux, « et adorez-les comme les protecteurs de votre empire, si « vous le jugez bon. Pour nous, chrétiens, nous savons que « ces prétendus dieux ne sont que les ouvrages des mains « des hommes, qu'ils n'ont ni sentiment, ni mouvement, « et qu'ils sont sourds à vos invocations. Nous reconnaissons « le souverain Seigneur qui a créé le ciel et la terre par sa « seule volonté et qui, par sa providence, régit et gouverne « le monde entier. Nous ne croyons qu'en ce seul Dieu et « en Jésus-Christ, son fils, lequel revêtu de notre chair par « la vertu du Saint-Esprit, dans le sein d'une vierge qui « s'appelle Marie, est mort pour nous sur la croix ; et, afin « de reconnaître, autant qu'il est possible, et cet amour et « cette mort par notre mort, nous désirons répandre notre « sang et donner notre vie pour sa gloire. »

II.

Ces paroles ne firent qu'irriter le tyran. Dacien, ne contenant plus sa fureur, condamna le saint évêque Valère à

l'exil et Vincent au martyre. Les bourreaux s'emparèrent
de leur victime, la lièrent à un poteau, puis ils lui dis-
loquèrent tous les membres. Durant ce supplice, le gouverneur lui disait : « Ne vois-tu pas comme ton corps est tout
« démembré, renonce à ta religion et adore nos divinités. »
Saint Vincent répondit : Je me ris de votre fureur comme de
« vos promesses ; je resterai fidèle à mon Dieu, qui me ré-
« compensera dans l'autre vie. Vous ne sauriez me vaincre
« par les tourments que j'endure ; le prix de ma couronne
« et la gloire de mon combat dépendent des excès de votre
« cruauté. »

Dacien, ne contenant plus sa rage, commande aux exé-
cuteurs de déchirer le corps du Saint avec des crochets de
fer. Sa chair tombe en lambeaux, le sang ruisselle de tous
les côtés. Le glorieux martyr, restant impassible et souriant,
même au milieu de cet affreux supplice, Dacien lui dit :
Tu sembles nous braver ; mais attends, je saurai bien
triompher de ta constance.

« Jamais, reprend le courageux athlète ; car Jésus-Christ
« est avec moi, c'est lui qui me soutient. Vous vous acharnez
« à détruire mon corps, peu m'importe ; j'ai une âme
« immortelle sur laquelle vous ne pouvez rien ; elle ne
« craint ni vos chaînes, ni vos tortures, elle n'appréhende
« que le péché, elle ne redoute que Dieu et ses jugements.
« En réduisant en cendres la maison qu'elle habite, qui est
« ce corps de boue, vous lui rendrez la liberté et vous
« l'enverrez au ciel jouir du bonheur des Saints. Dacien,
« croyez-moi, cessez de me persécuter; embrassez la religion
« que je professe et foulez aux pieds vos idoles. Si vous ne
« le faites, Dieu vous trouvera après la mort, vous ne
« pourrez lui échapper. C'est alors que vous expierez vos
« forfaits dans des tourments qui ne finiront jamais ; car,
« étant juste, il doit punir le crime comme il récompense
« la vertu. »

Le gouverneur, voyant qu'il ne pouvait rien par la violence
sur notre Saint, espère le gagner par la douceur et lui dit :

« Vincent, pourquoi sacrifier ainsi ta jeunesse et briser ton avenir ? tu es riche, noble, instruit ; renonce à ton culte, abjure ta foi, et nos illustres empereurs te combleront de bienfaits. Autrement, tu aurais à subir de nouveaux supplices, plus rigoureux encore. »

« Je ne les redoute pas, je ne crains que votre feinte pitié,
« répondit le martyr, inspiré par l'Esprit-Saint. Vous voulez
« me faire renier Celui qui a créé et sauvé les hommes ; et
« bien, je confesse que c'est le seul vrai Dieu ; et, si je disais
« le contraire, en me soumettant à vos désirs, je mériterais
« la mort. Mais, puisque je reste fidèle à Jésus-Christ, ne
« craignez point de prolonger mes tourments, afin que par
« cette épreuve, vous reconnaissiez la vérité de notre sainte
« religion. Si vous refusez de l'embrasser et de pratiquer
« ce qu'elle commande, je vous le répète, bientôt la mort
« vous saisira, et vous tomberez dans un étang de soufre et
« de feu, que la colère de Dieu a allumé dans les enfers
« pour ceux qui le méprisent et refusent de lui obéir. »

III.

A ces terribles paroles, Dacien pâlit et rugit tout à tour ; ses yeux étincèlent de fureur ; la rage le suffocant, il garde un morne silence. Dès qu'il put parler, il commanda qu'on mît Vincent à la question du feu la plus cruelle de toutes. On avait dressé sur la place publique un lit de fer, dont les barres faites en forme de scie et garnies de pointes très-aigues, étaient posées sur un brasier ardent. St-Vincent y monta de lui-même, le cœur plein de joie.

Quand il fut étendu et lié sur ce gril, on déchira à coups de fouet, on brûla avec des lames ardentes toutes les parties du corps qui n'étaient pas tournées vers le feu. Sur ces plaies on jeta le sel à pleines mains ; le sel pétillant entrait dans toutes les ouvertures qu'avaient faites les pointes de fer. On lui versa ensuite sur tout le corps du suif fondu qui, attirant les flammes, agrandit les plaies et en fit comme autant d'ulcères. Le brasier devint si ardent que sa chair fut bientôt consumée, et il ne lui restait que les os, déjà noirs et brûlés. Sans un miracle évident, Saint Vincent eût rendu le dernier soupir au milieu de cet horrible supplice ; mais Dieu le réservait pour un nouveau triomphe.

Dacien, voyant que le saint martyr respirait toujours, le fit ramener dans la prison, qu'on eut soin de couvrir de pots cassés, commandant qu'il fût roulé dessus afin de renouveler toutes ses douleurs. Les bourreaux, épuisés de fatigue, se retirèrent, laissant comme mort l'intrépide soldat de Jésus-Christ. Alors Notre-Seigneur, le regardant du haut du ciel, lui voulut faire de nouvelles faveurs, et montrer aux chrétiens qu'il n'abandonne jamais ceux qui le servent avec fidélité. — Au milieu de la nuit, les anges viennent visiter Vincent, le guérissent au nom du Très-Haut et remplissent son cachot d'une lumière resplendissante. Cette clarté céleste passant à travers les fissures de la porte, vint frapper les yeux des gardiens. Un soldat s'approche en tremblant, regarde par une ouverture, et voit le martyr debout, chantant avec les Anges les louanges du Seigneur. Touchés d'une si grande merveille, tous les gardes résolurent de se convertir à la religion chrétienne.

Le chef nommé Honorius ouvre la porte de la prison et dit à Saint Vincent : « Nous avons été témoins de tant de prodiges que nous voulons embrasser votre foi et servir votre Dieu, qui nous paraît le seul véritable.

« Voulez-vous nous instruire et nous dire en quoi consiste votre croyance ? »

IV.

Alors Saint Vincent leur donna des explications qui peuvent se résumer ainsi :

« Nous n'adorons qu'un seul Dieu, créateur du ciel et de « la terre et souverain maître de toutes choses — c'est lui « qui a tiré du néant tout ce qui existe. Le soleil comme « le reste est l'œuvre de ses mains. Il est pur Esprit, et

« il existe de toute éternité: ses perfections sont sans
« bornes. Il est présent partout, rien n'échappe à son
« regard ; il connaît tout, c'est lui qui gouverne le monde
« et veille avec sollicitude sur toutes les créatures.

— Mais qui l'a créé lui-même? — « Personne, il est l'être
« nécessaire ; il n'a jamais eu de commencement, il n'aura
« jamais de fin.

— On nous a dit que vous reconnaissiez trois dieux, est-ce
ce vrai? — « C'est une erreur, reprend Saint Vincent, nous
« n'adorons qu'un seul Dieu ; mais il y a trois personnes en
« Lui, le Père, le Fils et le Saint-Esprit. Chacune de ces
« personnes est Dieu; mais elles ne font qu'un seul et même
« Dieu, parce qu'elles n'ont qu'une même nature et une
« même divinité, et pour cela elles sont égales en toutes
« choses — c'est ce que nous appelons le mystère de la
« Sainte-Trinité.

« Dieu après avoir tiré le monde du néant, créa l'homme
« à son image ; il forma son corps de la terre, puis il lui
« donna, pour l'animer, une âme immortelle. — Cette âme
« qui habite en nous est un esprit, une intelligence capable
« de connaître, d'aimer et d'agir librement. — A notre
« mort, le corps retourne à la terre d'où il vient, tandis
« que notre âme remonte vers Dieu, qui est son principe et
« sa fin, pour être jugée d'après ses œuvres.

— Nous avons donc des devoirs à remplir envers notre
Créateur, dit un des soldats? — « Oui, répond saint Vincent,
« Dieu nous a créés pour le connaître, l'aimer et le servir.
« — Nous devons lui obéir comme un serviteur obéit à son
« maître, un sujet à son roi et un enfant à son père ; alors,
« après notre mort, le ciel, pour toute une éternité, sera
« notre récompense. Si, au contraire, l'homme se révolte
« contre Dieu, méprise sa loi, méconnaît sa volonté, dans
« l'autre vie, il subira un châtiment proportionné à ses
« fautes; c'est justice.

— Mais comment connaître cette volonté de Dieu? reprend
Honorius. — « Rien n'est plus facile ajoute Saint

« Vincent. Le fils de Dieu, Dieu lui-même, seconde per-
« sonne de la Sainte Trinité, touché de nos malheurs et de
« notre perte éternelle, qu'avait occasionnée la faute de nos
« premiers parents, Adam et Ève, dans le Paradis terrestre,
« vint sur la terre pour nous sauver, nous mériter la grâce
« et nous ouvrir le ciel, d'où nous étions exclus. — Il prit
« un corps et une âme semblables aux nôtres dans le chaste
« sein de la Vierge Marie, par l'opération du Saint Esprit,
« sans la participation d'aucune autre créature. — On
« l'appelle Jésus-Christ ; il est Dieu et homme tout ensem-
« ble, c'est le Messie, le Rédempteur du monde promis par
« Dieu après la chute originelle, annoncé par les prophètes
« longtemps avant sa naissance et désiré par tous les peu-
« ples. — Il vint au monde dans une étable, au sein de la
« plus effrayante pauvreté, au milieu des plus grandes
« privations, afin d'expier déjà nos fautes et de commencer
« l'œuvre de notre salut. Il grandit dans le silence, l'humi-
« lité et le travail. Puis à trente ans seulement, il commença
« à prêcher sa religion.

« Pour montrer qu'elle était divine et que lui-même
« était Dieu, il fit pendant trois ans toutes sortes de mi-
« racles. Il rendit la parole aux muets, la vue aux aveu-
« gles et l'ouïe aux sourds. Il marcha sur les eaux, multi-
« plia les pains, guérit subitement les maladies les plus
« incurables, et enfin ressuscita les morts, et les morts
« mis dans le sépulcre depuis quatre jours et dont les
« corps étaient en putréfaction. Ses prodiges comme ses
« vertus lui firent des ennemis. On le condamna injuste-
« ment à mort ; on le crucifia, puis on le mit dans un tom-
« beau, que les Juifs eurent soin de sceller et de faire garder
« par des soldats ; car il avait dit pendant sa vie qu'il ressus-
« citerait le troisième jour. Les insensés espéraient sans
« doute arrêter Dieu dans sa puissance. Mais Jésus-Christ
« sort glorieux du tombeau, comme il l'avait prédit ; pen-
« dant quarante jours il se montre plusieurs fois à ses disci-
« ples et à une foule de fidèles, pour bien les convaincre

« de sa résurrection, et par cela même de sa divinité. Puis
« le jour de l'Ascension il monte au Ciel devant plus de
« cinq cents personnes, qui en ont rendu témoignage aux
« dépens même de leur vie. — Que pensez-vous maintenant
« de Jésus- Christ et de sa doctrine?

Nous pensons, s'écrièrent tous les gardes, que Jésus-Christ
est vraiment Dieu et que sa religion est divine ; mais où se
trouve sa doctrine ?

— « Sa doctrine, reprend Saint Vincent, se trouve dans
« l'Évangile, dans les écrits des apôtres et dans la tradition.
« La gardienne et l'interprête infaillible de cette doctrine
« est la sainte Eglise, que Jésus-Christ lui-même a fondée
avant de monter au ciel ; il le devait pour conserver in-
tact le dépôt sacré de notre foi.

Mais qui compose cette Église, demande un soldat, appelé
Victor ?

« — Elle se compose répond le saint Martyr, de tous les
« chrétiens soumis à l'autorité des évêques, et principale-
« lement à celle du Pontife romain qui en est le chef. Ce
« chef de l'Eglise est le vicaire de Jésus-Christ et le succes-
« seur de saint Pierre, on l'appelle le Pape ; on doit croire
« ce qu'il enseigne lorsqu'il parle au nom de Dieu. Les
« décisions et les lois de l'Eglise sont sacrées ; et tout fidèle
« est forcé de les observer exactement, sous peine de dam-
« nation ; il en est de même des Commandements du Sei-
« gneur. »

Mais, si l'on transgresse ces lois, si l'on viole ces commandements, est-ce qu'on ne peut en obtenir le pardon,
dit Agreste, l'un des gardiens ?

— « Jésus-Christ y a pourvu, répond saint Vincent : avant
« de quitter la terre, il a institué les Sacrements pour nous
« donner la grâce, sans laquelle l'homme ne peut rien pour
« le Ciel. — Ils sont au nombre de sept : le Baptême, la
« Confirmation, l'Eucharistie, la Pénitence, l'Extrême-Onc-
« tion, l'Ordre et le Mariage. — C'est la Pénitence qui remet
« tous les péchés commis après le baptême, si toutefois on

« en a la contrition, jointe à la ferme résolution de ne plus
« les commettre. »

A qui faut-il se confesser pour obtenir le pardon de ses fautes, demande le plus jeune des gardes ? « Aux prêtres, car
« c'est à eux seuls que Jésus-Christ a conféré ce pouvoir
« dans la personne de ses apôtres, lorsqu'il leur a dit :
« *Recevez le Saint-Esprit ; les péchés seront remis à ceux à qui*
» *vous les remettrez, et ils seront retenus à ceux à qui vous les*
» *retiendrez.* »

Nous avons entendu dire, reprit le chef des gardiens, que
vous vous nourrissiez du corps de votre Dieu; veuillez nous
dire ce qu'il en est.— Volontiers, répond saint Vincent: « Jésus-
« Christ, avant de mourir, a institué la sainte Eucharistie,
« qui contient son corps, son sang, son âme et sa divinité.
« Il prit pour cela du pain entre ses mains et dit : *Ceci est*
« *mon corps, prenez et mangez-le;* puis il mit du vin dans
« un calice et dit : *Ceci est mon sang, prenez et buvez-le.*
« — Ce changement du pain au corps du Sauveur et du vin
« en son sang, s'opère à la sainte messe par le ministère du
« prêtre, lorsqu'il prononce les paroles de la consécration.
« — Or, pour répondre au désir de Jésus-Christ, qui a dit :
« *Celui qui mange ma chair et boit mon sang, vivra éternelle-*
« *ment,* nous venons souvent, très-souvent, communier,
« c'est-à-dire recevoir à la Table sainte son corps, son sang,
« son âme et sa divinité, présents dans l'auguste Eucharistie.
Une autre question, Vincent. Vous nous avez parlé du
mariage! Est-il nécessaire qu'il soit béni par le prêtre ?

« Oui, c'est de toute nécessité; et tout mariage des chré-
« tiens qui s'opère en dehors de la présence du prêtre est
« invalide; en sorte que les époux qui vivent de la sorte,
« mènent une vie criminelle et sont maudits de Dieu. »

Vous avez nommé l'Extrême-Onction ; qu'est-ce donc que
ce sacrement, dit Agricola, qui jusqu'alors avait gardé le
silence ?

« L'Extrême-Onction, continua St Vincent, est un sacre-
« ment établi par Jésus-Christ, pour soulager les malades

« en danger de mort ; et tout chrétien, avant de mourir,
« doit le recevoir, lorsqu'il y a possibilité. Si la souffrance
« ou tout autre motif l'empêche d'y penser, il faut que ses
« parents ou ceux qui l'assistent aillent chercher le prêtre
« pour le lui administrer, après l'avoir réconcilié avec son
« Dieu et muni du saint viatique ; car, il serait souveraine-
« ment malheureux qu'un fidèle descendît dans la tombe et
« parût devant le Juge suprême, sans avoir reçu du mi-
« nistre du Seigneur, le pardon de ses fautes, sans avoir été
« oint de l'Huile sainte et sans s'être nourri de l'auguste
« Eucharistie. »

— Mais, après la mort, quelle cérémonie fait-on sur le
corps du défunt ?

« Le prêtre le bénit, ajoute saint Vincent, parce qu'il est
« devenu, par le baptême, le temple du Saint-Esprit, et
« qu'il a été le tabernacle vivant de Jésus-Christ. Il le
« conduit à sa dernière demeure, au milieu des chants et
« des prières de l'Église.

« Il n'y a que les impies, les hommes pervers, qui, se
« considérant comme de vils animaux, veulent qu'on les
« jette dans la terre, sans cérémonie religieuse. »

— Vous nous avez parlé souvent du prêtre dans le cours
de cet entretien, reprit Honorius ; qu'est-il donc dans votre
religion ?

— « C'est un être sacré par son caractère et par la mission
« qu'il remplit, répondit saint Vincent. Jésus-Christ l'a
« choisi pour en faire son Ministre sur la terre, ou si vous
« l'aimez mieux, son Député auprès des peuples. Il est
« chargé d'apprendre aux fidèles la religion chrétienne, de
« leur administrer les sacrements, de leur remettre les
« péchés, de bénir leur union, de prier pour eux pendant
« la vie et aussi après la mort. Le sacrement qui lui
« confère cette dignité et tous ces pouvoirs est l'*Ordre*.
« C'est Jésus-Christ lui-même qui l'a institué, en faisant
« ses apôtres Évêques.

« Les évêques ont la plénitude du sacerdoce ; ce sont eux

« qui ordonnent les prêtres. Il faut les respecter comme les
« représentants de Dieu et les aimer comme des pères. »

— Je viens d'entendre parler de la messe, dit uu garde
nommé Emilien; je voudrais savoir en quoi consiste cette
cérémonie.

— « La Messe, répond Saint Vincent, est le sacrifice du
« corps et du sang de Jésus-Christ offert par l'évêque ou
« le prêtre sur l'autel, sous les apparences du pain et du
« vin , pour représenter et continuer le sacrifice de la
« croix. Tout chrétien doit y assister au moins le di-
« manche qui est le jour du Seigneur, et les principales
« fêtes que l'Eglise célèbre dans l'année. »

« Nous avons aussi l'habitude de prier Dieu plusieurs
« fois le jour, mais principalement le matin et le soir.
« Nous n'y manquons jamais. »

O Vincent, s'écrièrent tous les gardes, nous vous remer-
cions. Vous nous avez éclairés, convertis; nous sommes
chrétiens, et s'il faut mourir avec vous pour attester notre
foi, nous le ferons avec joie.

V.

Quand Dacien apprit tous ces prodiges, il en pleura de
dépit. Qu'on le tire de sa prison, dit-il, et qu'on l'étende
mollement sur un lit de plumes ; peut-être, par ce moyen,
pourrai-je mieux vaincre sa résistance. On obéit; mais à
peine le Saint fut-il placé sur sa nouvelle couche, qu'il
rendit doucement son âme à Dieu, l'an 304. Le gouverneur,
ne pouvant plus assouvir sa rage que sur un cadavre,
ordonna qu'on le jetât dans les champs pour être mangé
par les bêtes. Mais Dieu veillait sur ces restes, qui avaient
été son temple. Des rayons de lumière épouvantèrent les animaux qui voulaient s'en approcher. Des vautours n'osèrent
y toucher. Un loup énorme, sorti d'un taillis voisin, fut
chassé par un corbeau, qui semblait avoir reçu en garde ce
précieux dépôt.

Dacien, à qui l'on raconta tous ces faits, demanda alors un homme qui voulût se charger d'aller jeter le corps en pleine mer. Il s'en présenta un, nommé Euphornius, digne d'un tel office ; il mit dans une barque le corps du martyr qu'il attacha à une pierre énorme. Quand il fut loin du rivage, dans des eaux très-profondes, il l'y jetta et revint tout joyeux avec ses compagnons, chercher la récompense qu'on leur avait promise.

Mais, le saint corps, poussé par la main du Seigneur, arriva à terre avant eux ; et lorsqu'ils le croyaient enseveli pour jamais au fond de la mer, ils le trouvèrent en débarquant exposé sur le rivage, comme s'il eût réclamé la tombe qui lui était due. Saisis de stupeur et d'effroi, ils le laissèrent là et s'enfuirent. Pendant la nuit, le saint martyr apparut à un chrétien, qui n'osa lui donner la sépulture, dans la crainte d'encourir la haine de Dacien. Saint Vincent avertit alors, dans une vision, une pieuse veuve, déjà avancée en âge. Cette femme parcourut le rivage ; elle découvrit sans peine, aux signes qu'elle avait vus en songe, le lieu où était le corps, recouvert d'un peu de sable. Elle le transporta dans une petite chapelle, hors des murs de Valence, où les chrétiens lui firent de magnifiques funérailles.

Le roi Childebert, qui était allé affranchir l'Espagne de la tyrannie des païens, apporta, à son retour, la plus grande partie des reliques de saint Vincent. Elles furent déposées dans l'abbaye de St-Germain-des-Prés, à Paris, que ce monarque fit construire. Sa tête fut donnée à l'église du Mans, et Dun-le-Roi, en Berry, eut le bonheur de posséder le cœur de cet invincible soldat de Jésus-Christ.

Mais, hélas ! les protestants, qui ne respectaient rien, prirent cette ville en 1562, s'emparèrent du beau reliquaire que Thibault, comte de Sancerre, avait offert autrefois, et dans lequel se trouvait le cœur de saint Vincent. Ces fanatiques, plus cruels que des tigres, en arrachèrent la sainte relique, qu'ils brûlèrent sur la place publique, sans que la très-suave odeur qu'elle exhala vers le ciel, pût jamais les fléchir. Mais, bien que les hérétiques aient ravi à la France le cœur de saint Vincent, ils n'ont pu lui ôter son affection pour ce grand Saint, qu'elle aime, qu'elle vénère, comme un de ses plus glorieux patrons.....

VI.

POURQUOI SAINT VINCENT EST-IL LE PATRON DES VIGNERONS ?

Saint Vincent, nous l'avons vu, était Diacre. Or, le Diacre sert l'Évêque ou le Prêtre à l'autel ; c'est lui qui met le *vin* dans le calice pour être changé au sang de Jésus-Christ. Vincent étant un des Diacres les plus illustres, il était naturel que les vignerons se missent sous sa puissante protection et le choisissent pour leur glorieux patron.

Issoudun, le 6 janvier, fête de l'Épiphanie de
Notre-Seigneur Jésus-Christ, 1874.

PRIÈRE A SAINT VINCENT

O glorieux saint Vincent, du haut du Ciel où vous régnez, abaissez sur nous un regard de bonté. Votre vie si sainte vous a rendu l'ami de Dieu ; usez de votre puissance auprès de Lui pour nous obtenir les grâces dont nous avons besoin ; puisque vous êtes notre Patron, c'est à vous que nous avons recours. Ne nous abandonnez pas ; et pour mieux mériter vos faveurs, nous aimerons sincèrement Jésus-Christ, pour lequel vous avez donné votre sang ; nous pratiquerons fidèlement sa divine religion, afin d'être un jour réunis avec vous dans la gloire. Nous vous le demandons par ce même Jésus-Christ, et par l'auguste Vierge Marie, sa très-sainte Mère.

O saint Vincent, protégez-nous pendant notre vie et surtout à l'heure de notre mort.

Ainsi soit-il.

CANTIQUE

EN L'HONNEUR

DE SAINT VINCENT, PATRON DES VIGNERONS.

Sur l'air : *Rome et la France.*

REFRAIN.
Honneur et gloire
A saint Vincent !
Bénissons sa mémoire,
Au Ciel il est puissant.　{ *bis.*

1.
De saint Vincent, nous célébrons la fête,
Animons-nous à marcher sur ses pas ;
Du Ciel aussi nous ferons la conquête,
En nous montrant chrétiens jusqu'au trépas.

2.
Jeune, il a su mépriser les délices,
Dont les attraits séduisent tant de cœurs ;
Dans son martyre, affrontant les supplices,
Il a conquis la palme des vainqueurs.

3.
Il bénira les travaux de l'année
Il saura bien féconder nos sueurs.
Et par nos soins, la vigne cultivée,
De ses produits paiera tous nos labeurs.

4.
A saint Vincent, nos vœux et notre hommage :
Que dans nos cœurs il vive pour jamais !
Avec bonheur nous viendrons d'âge en âge,
Chanter son nom, redire ses bienfaits.

5.
O saint Vincent, de la reconnaissance
Jamais, jamais, nous n'oublierons les lois.
Nous aimerons à dire ta puissance
Et ta grandeur auprès du Roi des rois.

6.
Grand saint Vincent, à la Vierge Marie
Offre-nous tous, pour nous mieux protéger.
Et vers le Ciel, notre heureuse Patrie.
Dans ton amour daigne nous diriger.

A. M. S. C. J. G.

IMPRIMATUR :

APPÉ, v. g.

Imp. et lith. GAIGNAULT, à Issoudun.

96